Textes et recettes : Anne-Cécile FICHAUX.
Photographies et stylisme : SAEP/Jean-Luc SYREN et Valérie WALTER.
Préparation des plats : SAEP/Jean-François CAMPAGNE.
Graphisme : Valérie RENAUD.
Coordination : SAEP/Éric ZIPPER.
Composition et photogravure : SAEP/Arts Graphiques.
Impression : Union Européenne.

Conception : SAEP Création - 68040 INGERSHEIM - COLMAR

Les bonnes recettes de ma Grand-mère

Confitures

Anne-Cécile Fichaux

saep

Introduction

La confiture aux mirabelles de ma grand-mère, quel délicieux souvenir ! La douce saveur de ce fruit délicat était un cadeau merveilleux que j'emportais de chez elle après chaque chaque été.

Si, aujourd'hui, nous pouvons trouver des fruits variés à toute époque de l'année, ce qui n'est pas nécessairement une bonne chose d'un point de vue écologique, nos grands-mères consommaient des fruits et légumes de saison produits localement. Et comment conservaient-elles les fraises du jardin ou les mûres cueillies dans les bosquets ? En préparant de délicieuses confitures.

Les techniques de préparation et de cuisson n'ont presque pas changé depuis ; nous avons seulement, par souci diététique et gustatif, réduit progressivement la part de sucre dans les confitures.

Ce livre vous propose des recettes traditionnelles, des recettes allégées en sucre, de nombreuses variantes, des mélanges surprenants et, je l'espère, beaucoup de plaisir à partager avec les générations futures.

Alors, sortons nos écumoires, nos bassines en cuivre, et plongeons dans la douce fragrance des fruits, teintée d'une savoureuse nostalgie et de la promesse de saveurs inoubliables.

Les ingrédients

Choix des fruits

Contrairement à certaines idées reçues, il n'est pas conseillé d'utiliser des fruits trop mûrs pour préparer des confitures. Idéalement, choisissez des fruits frais et arrivés à parfaite maturité. Ils doivent être appétissants.

Utilisez des fruits de saison : l'une des raisons pour lesquelles on réalise des confitures est de conserver les fruits au-delà des périodes traditionnelles de consommation. Faire une confiture de fraises au mois de janvier a peu d'intérêt : les fraises auront un goût médiocre, leur transport depuis les pays de production pollue… et elles seront hors de prix.

Les différents sucres

Vous pouvez utiliser du sucre blanc ou du sucre de canne roux, qui sera légèrement parfumé. Dans les magasins biologiques, vous trouverez du sucre intégral. Ce dernier est délicieusement parfumé mais il « sucre » moins ; il vous faudra donc augmenter les proportions.

Enfin, vous pouvez opter pour du sucre « spécial confiture », qui contient un gélifiant. Cette solution permet de réduire considérablement les quantités de sucre et donc d'obtenir proportionnellement une confiture plus riche en fruits. Vous pouvez vous-même mélanger un sucre classique à un gélifiant pour un résultat identique. Plus de fruits = plus de goût !

Les gélifiants

La pectine est un gélifiant naturellement présent dans certains fruits. Vous pourrez vous en procurer, sous forme de poudre, en supermarché.

L'agar-agar est un gélifiant végétal et naturel extrait des algues. Vous en trouverez dans les magasins biologiques et de plus en plus fréquemment en supermarché.

La gélatine, gélifiant d'origine animale, est commercialisée sous forme de feuille.

Les quantités de gélifiants sont à adapter à chaque recette, en fonction du type de gélifiant, de l'acidité des fruits utilisés et de la proportion fruits/sucre. Vous trouverez quelques exemples d'utilisation au fil des recettes.

Le matériel

La bassine à confiture

Nos grands-mères utilisaient des bassines en cuivre. Vous pouvez succomber à la tradition, mais le cuivre demande un certain entretien. De plus, évitez de laisser macérer les fruits plus d'une heure dans les récipients en cuivre. Vous pourrez également utiliser un grand faitout ou un autocuiseur pour la cuisson des fruits.

L'écumoire

Vous ne pourrez pas vous en passer, c'est un outil indispensable pour supprimer l'écume qui se forme à la surface de la confiture, lors de la cuisson.

Le chinois ou la passoire fine

Ils vous seront fort utiles pour filtrer vos gelées de fruits rouges ou éliminer les pépins de certains fruits. On utilisait jadis des étamines ou un linge mais ne vous privez pas d'un gain de temps précieux.

Le mixeur

Afin de mixer grossièrement les agrumes quand vous réaliserez des marmelades ou pour des purées (châtaignes, coings…). Faites votre choix entre un mixeur à tête plongeante ou un blender et n'oubliez pas que nos grands-mères n'avaient pas cette chance, qui étaient contraintes d'utiliser un presse-purée.

Le papier sulfurisé

Indispensable pour couvrir les fruits lors de la macération, il empêche le contact des ingrédients avec l'air pour limiter leur oxydation.

Les pots

Choisissez des pots en verre munis de couvercle en métal, vous pourrez les réutiliser à l'envi. Économique et écologique…, les anciens l'avaient déjà compris !

Astuces de mamie

A quoi sert le jus de citron ?

Le jus de citron sert à empêcher la cristallisation du sucre, qui peut intervenir lors de la réalisation de la confiture ou après la mise en pots.

Comment vérifier que la confiture a « pris » ?

Après avoir écumé la confiture ou la gelée pendant une dizaine de minutes, versez-en une goutte sur une assiette que vous inclinerez : si la confiture ou la gelée coule vers le bas, il faut alors prolonger la cuisson de quelques minutes ; elle doit rester figée sur l'assiette, c'est le signal pour la mettre en pots.

Comment conserver les confitures ?

Stockez les pots dans un endroit frais et à l'abri de la lumière (cave, cellier…). Dégustez les confitures dans l'année qui a suivi leur préparation.

Astuce de mamie : étiquetez vos confitures et précisez leurs parfums et leur date de réalisation. Vous pourrez ainsi consommer vos confitures par ordre chronologique.

À l'ouverture de chaque nouveau pot, vous devez sentir une résistance et entendre le bruit de la dépressurisation. Si ce n'est pas le cas, ou si vous constatez la présence de moisissures ou une odeur de fermentation, mieux vaut ne pas consommer le pot incriminé.

Comment conserver les confitures après ouverture du pot ?

L'idéal est de conserver les confitures ouvertes au réfrigérateur et de les consommer dans un délai de 2 semaines. Plus une confiture est riche en sucre, mieux elle se conservera.

Stérilisation des pots

Pourquoi stériliser ? Sans ce traitement à la chaleur, certains micro-organismes se développeraient dans les bocaux : moisissures, enzymes, levures, bactéries… Ces micro-organismes peuvent être contenus dans les aliments eux-mêmes mais aussi dans l'air. Il convient donc d'expulser l'air en dehors des bocaux. Il est primordial de bien respecter les conseils suivants pour empêcher la détérioration que provoqueraient ces micro-organismes.

1• Choisir des ingrédients de qualité, frais et de saison.

2• Bien nettoyer les bocaux, récipients et leurs couvercles.

3• Stériliser les bocaux, récipients et leurs couvercles : mettre les ustensiles dans une marmite, recouvrir d'eau (au moins 5 cm au-dessus) ; porter à ébullition pendant 15 minutes. Les égoutter et les laisser sécher sur un torchon propre.

4• Mettre la confiture en bocal.

5• Retirer un maximum de bulles d'air à l'aide d'une spatule en bois.

6• Essuyer le bord des bocaux avec un papier absorbant ou un linge humide.

7• Fermer les bocaux du bout des doigts, sans forcer. Cela permettra à l'air de s'expulser. Lorsque les bocaux remplis sont soumis à la chaleur, les ingrédients et l'air qui se trouvent à l'intérieur du bocal se dilatent et la pression intérieure change. Ce changement entraîne l'expulsion de l'air. Avec le refroidissement, la pression atmosphérique externe est plus élevée que la pression à l'intérieur du bocal. Cette différence de pression entraîne un vide à l'intérieur du bocal, pour créer un sceau hermétique. Ce sceau garantit que les micro-organismes et l'air ne pourront plus pénétrer à l'intérieur du bocal.

8• Retourner les bocaux à confiture et les laisser refroidir.

9• Ranger les bocaux debout, sur une serviette, à l'abri des changements de température. Ne pas remuer les bocaux. Ne pas essayer de dévisser les couvercles ni de les serrer plus fort.

10• Vérifier que les sceaux sont bien scellés : le couvercle doit être légèrement bombé vers l'intérieur et ne peut pas être dévissé facilement.

Marmelade
d'oranges.

Confiture d'abricots page 16

Les classiques

Facile
Raisonnable

Confiture d'abricots

Préparation : 20 minutes
Cuisson : 15 minutes
Repos : 14 heures

Pour 1,300 kg (soit environ 4 pots de 350 g)
1,200 kg d'abricots
800 g de sucre en poudre
Le jus de 1 citron.

- Laver les abricots et les essuyer. Couper les abricots en deux et les dénoyauter.
- Verser les moitiés d'abricot, le sucre et le jus de citron dans une bassine à confiture. Couvrir d'une feuille de papier sulfurisé et laisser macérer 2 heures.
- Retirer la feuille de papier sulfurisé, porter à ébullition 2 minutes puis laisser refroidir et couvrir d'une feuille de papier sulfurisé. Laisser reposer une nuit.
- Retirer la feuille de papier sulfurisé, porter à ébullition pendant 10 minutes en écumant régulièrement.
- Mettre en pots, couvrir et retourner les pots le temps que la confiture refroidisse.

Variantes

1: Ajouter 150 g d'amandes effilées, le second jour, avant de porter à ébullition.

2 : Ajouter 2 cuillerées à café rases de cannelle en poudre dès le début de la recette.

Confiture de châtaignes

Difficile
Raisonnable

Préparation : 45 minutes
Cuisson : 30 minutes
Repos : 2 heures (facultatif)

Pour 1 kg (soit environ 3 pots de 350 g)
1,200 kg de châtaignes sans leur écorce
750 g de sucre en poudre.

- Peler les châtaignes de l'une des deux façons suivantes :
- Fendre la première peau de 10 châtaignes, les faire cuire pendant 1 minute au micro-ondes. Les deux peaux s'enlèvent ensuite très facilement. Procéder de la même manière pour le reste des châtaignes.
- Couper les châtaignes crues en deux et les congeler pendant 2 heures. Porter une grande casserole d'eau à ébullition et y plonger les châtaignes congelées pendant 5 minutes, jusqu'à ce que les peaux remontent à la surface.
- Verser les châtaignes pelées dans une casserole et les couvrir généreusement d'eau. Porter à ébullition et faire cuire pendant 20 minutes environ, jusqu'à ce que les châtaignes soient tendres.
- Égoutter les châtaignes et les réduire en purée. Mélanger intimement la purée de châtaignes avec 20 cl d'eau et le sucre.
- Porter la préparation à ébullition puis réduire le feu et poursuivre la cuisson pendant 10 minutes, jusqu'à ce que la confiture de châtaignes épaississe.
- Mettre en pots, couvrir et retourner les pots le temps que la confiture refroidisse.

Variante

Ajouter les graines de 1 gousse de vanille au moment d'ajouter le sucre et l'eau à la purée de châtaignes.

Gelée de coing

Difficile
Raisonnable

Préparation : 40 minutes
Cuisson : 1 heure 10 minutes
Repos : 12 heures

Pour 1,300 kg (soit environ 4 pots de 350 g)
1,500 kg de coings
750 g de sucre spécial confiture
Le jus de 1 citron.

- Frotter les coings avec un torchon propre. Les laver et les essuyer.
- Supprimer la queue des coings et les couper en quartiers. Déposer les morceaux de coing dans une casserole et les recouvrir d'eau. Porter à ébullition puis réduire le feu, couvrir et laisser cuire pendant 1 heure.
- Réserver l'eau de cuisson. Verser les coings dans un chinois et les presser à l'aide d'une spatule. Procéder en plusieurs fois si besoin.
- Mélanger l'eau de cuisson et la pulpe des coings qui s'est écoulée du chinois. Laisser décanter une nuit au frais.
- Verser 1 l de jus de coing délicatement dans une bassine à confiture, en veillant à ne pas verser le « dépôt » qui a décanté. Ajouter le sucre et le jus de citron.
- Porter à ébullition pendant 10 minutes en écumant régulièrement.
- Mettre en pots, couvrir et retourner les pots le temps que la gelée refroidisse.

Conseil / variante

Si vous n'obtenez pas 1 l de jus de coing, vous pouvez le compléter avec du jus de pomme ou de poire 100 % pur jus, peu sucré.

Facile
Cher

Confiture de cerises

Préparation : 40 minutes
Cuisson : 15 minutes
Repos : 12 heures

Pour 1,250 kg (soit environ 4 pots de 320 g)
1,200 kg de cerises
800 g de sucre en poudre
Le jus de 1 citron.

- Rincer et essuyer les cerises. Équeuter et dénoyauter les fruits.
- Verser les cerises, le sucre et le jus de citron dans une bassine à confiture. Porter à ébullition 1 minute et laisser refroidir. Couvrir d'une feuille de papier sulfurisé et laisser macérer une nuit.
- Retirer le papier sulfurisé et porter à ébullition pendant 10 minutes. Retirer l'écume au fur et à mesure.
- Mettre en pots, couvrir et retourner les pots le temps que la confiture refroidisse.

Variantes

1. Ajouter 150 g d'amandes effilées, le second jour, avant de porter à ébullition.
2. Verser 1 cuillerée à café d'extrait d'amandes amères 2 minutes avant de mettre en pots.

Facile
Cher

Confiture de figues

Préparation : 20 minutes
Cuisson : 10 minutes
Repos : 2 heures

Pour 1,100 kg (soit environ 3 pots de 370 g)
1 kg de figues
600 g de sucre spécial confiture
Le jus de 1 citron.

- Rincer délicatement les figues et les essuyer. Supprimer les queues et couper les figues en huit.
- Verser les figues, le sucre spécial confiture et le jus de citron dans une bassine à confiture. Mélanger et couvrir d'une feuille de papier sulfurisé. Laisser macérer 1 à 2 heures.
- Retirer la feuille de papier sulfurisé et porter à ébullition, environ 10 minutes, selon le temps figurant sur l'emballage du sucre spécial confiture. Écumer régulièrement la confiture.
- Mettre en pots, couvrir et retourner les pots le temps que la confiture refroidisse.

Variantes

1 : remplacer 100 g de sucre spécial confiture par 100 g de miel d'acacia.

2 : ajouter 2 cuillerées à café rases de cannelle en poudre dès le début de la recette.

Facile
Raisonnable

Confiture de fraises

Préparation : 30 minutes
Cuisson : 15 minutes
Repos : 12 heures

Pour 1 kg (soit environ 3 pots de 350 g)
1,100 kg de fraises
500 g de sucre roux
Le jus de 1 citron
2 g d'agar-agar.

- Laver et essuyer les fraises, les équeuter.
- Couper les fraises en deux ou en quatre selon leur grosseur. Verser les fraises, le sucre roux et le jus de citron dans un grand saladier. Mélanger, couvrir d'une feuille de papier sulfurisé et laisser macérer une nuit.
- Verser les fruits macérés dans une bassine à confiture et porter à ébullition. Laisser bouillir pendant 10 minutes, en écumant régulièrement. Laisser tiédir.
- Diluer l'agar-agar avec 1 cuillerée à soupe d'eau puis l'incorporer à la confiture. Porter de nouveau à ébullition, laisser frémir 2 minutes.
- Mettre en pots, couvrir et retourner les pots le temps que la confiture refroidisse.

Variantes

1 : ajouter 1 gousse de vanille fendue dans le sens de la longueur, dès le début de la recette ; la retirer avant de mettre en pots.

2 : mélanger 850 g de fraises et 250 g de fraises des bois.

3 : mélanger 500 g de fraises et 600 g de pêches blanches.

Confiture de framboises

Facile
Cher

- Rincer les framboises délicatement et les laisser s'égoutter sur du papier absorbant.
- Verser les fruits, le sucre et le jus de citron dans une bassine à confiture.
- Faire cuire à feu moyen pendant 10 minutes, en écrasant les framboises à l'aide d'une spatule. Les framboises doivent commencer à « rendre » du jus.
- Augmenter le feu et porter à ébullition pendant 10 minutes. Écumer la confiture.
- Mettre en pots, couvrir et retourner les pots le temps que la confiture refroidisse.

Préparation : 5 minutes
Cuisson : 20 minutes

Pour 1,200 kg (soit environ 3 pots de 370 g)
1 kg de framboises
700 g de sucre en poudre
Le jus de 1/2 citron.

Variante

Ajouter 1 gousse de vanille fendue dans le sens de la longueur, dès le début de la recette ; la retirer avant de mettre en pots.

Confiture de fraises page 22

Confiture de framboises page 23

Difficile
Raisonnable

Gelée de groseille

Préparation : 30 minutes
Cuisson : 30 minutes

Pour 1 kg (soit environ 3 pots de 320 g)
1,500 kg de groseilles
800 g de sucre roux
Le jus de 1 citron
2 g d'agar-agar.

- Rincer les groseilles et les égoutter délicatement. Verser les fruits dans une bassine à confiture avec 15 cl d'eau. Faire cuire à feu doux pendant 10 à 15 minutes, en écrasant les fruits avec une spatule.
- Verser les groseilles dans un chinois et les écraser avec une spatule. Procéder en plusieurs fois et jeter la « purée » récupérée dans le chinois au fur et à mesure.
- Verser le jus de groseille dans une bassine à confiture avec le sucre et le jus de citron. Porter à ébullition pendant 10 minutes. Écumer la gelée de groseille.
- Diluer l'agar-agar avec 2 cuillerées à soupe d'eau et l'incorporer à la gelée. Mélanger et laisser bouillir 2 minutes.
- Mettre en pots, couvrir et retourner les pots le temps que la gelée refroidisse.

Variante

Ajouter 100 g de pignons de pin dans le jus de groseille, avant de porter à ébullition.

Confiture de melon

Facile
Peu coûteux

- Couper les melons en quartiers, supprimer les graines. Évider les melons et verser la chair coupée en dés dans un grand saladier. Verser 100 g de sucre et mélanger. Couvrir d'une feuille de papier sulfurisé et laisser macérer une nuit.
- Égoutter les dés de melon puis les verser dans une bassine à confiture. Ajouter le reste de sucre et le jus de citron, porter à ébullition. Prolonger la cuisson pendant 10 minutes en écumant régulièrement.
- Diluer l'agar-agar avec 3 cuillerées à soupe d'eau et l'incorporer à la confiture. Mélanger et laisser bouillir 2 minutes.
- Mettre en pots, couvrir et retourner les pots le temps que la confiture refroidisse.

Préparation : 20 minutes
Cuisson : 15 minutes
Repos : 12 heures

Pour 1,100 kg (soit environ 3 pots de 350 g)
1,500 kg de melon
600 g de sucre en poudre
Le jus de 1 citron
3 g d'agar-agar.

Variantes

1 : remplacer 400 g de melon par 400 g de cerises noires. Le second jour, laver, équeuter et dénoyauter les cerises. Verser les cerises dans la bassine à confiture avant de porter à ébullition.

2 : après avoir égoutté les morceaux de melon, conserver le jus pour sucrer yaourts, fromages blancs, etc.

Facile
Raisonnable

Confiture de mirabelles

Préparation : 30 minutes
Cuisson : 15 minutes
Repos : 2 heures

Pour 1,200 kg (soit environ 3 pots de 370 g)
1,200 kg de mirabelles
600 g de sucre en poudre
Le jus de 1 citron
2 g d'agar-agar.

- Laver et essuyer les mirabelles, les dénoyauter.
- Verser les mirabelles, le sucre et le jus de citron dans une bassine à confiture, couvrir d'une feuille de papier sulfurisé. Laisser macérer 2 heures.
- Retirer la feuille de papier sulfurisé et porter à ébullition. Laisser bouillir 10 minutes, en prenant soin d'écumer régulièrement.
- Diluer l'agar-agar avec 1 cuillerée à soupe d'eau et l'incorporer à la confiture. Laisser bouillir encore 2 minutes avant de mettre en pots.
- Couvrir les pots et les retourner le temps que la confiture refroidisse.

Difficile
Cher

Gelée de mûre

Préparation : 30 minutes
Cuisson : 30 minutes

Pour 1,100 kg (soit environ 3 pots de 350 g)
1,500 kg de mûres
500 g de sucre roux
Le jus de 1 citron
4 g d'agar-agar.

- Rincer les mûres et les égoutter délicatement. Verser les fruits dans une bassine à confiture avec 15 cl d'eau. Faire cuire à feu doux pendant 10 à 15 minutes, en écrasant les fruits avec une spatule.
- Verser les mûres dans un chinois et les écraser avec une spatule. Procéder en plusieurs fois et jeter la « purée » récupérée dans le chinois au fur et à mesure.
- Verser le jus dans une bassine à confiture avec le sucre et le jus de citron. Porter à ébullition pendant 10 minutes. Écumer la gelée de mûre.
- Diluer l'agar-agar avec 2 cuillerées à soupe d'eau et l'incorporer à la gelée. Mélanger et laisser bouillir 2 minutes.
- Mettre en pots, couvrir et retourner les pots le temps que la gelée refroidisse.

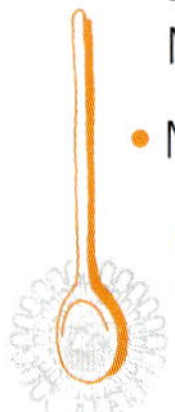

Variante
Mélanger 1 kg de mûres et 500 g de cassis.

Confiture de mirabelles

Facile
Raisonnable

Confiture de pêches

Préparation : 20 minutes
Cuisson : 15 minutes
Repos : 14 heures

Pour 1,300 kg (soit environ 4 pots de 350 g)
1,200 kg de pêches blanches
700 g de sucre en poudre
Le jus de 1 citron.

- Éplucher les pêches, les couper en quatre et les dénoyauter.
- Verser les quartiers de pêches, le sucre et le jus de citron dans une bassine à confiture. Couvrir d'une feuille de papier sulfurisé et laisser macérer 2 heures.
- Retirer la feuille de papier sulfurisé, porter à ébullition 2 minutes puis laisser refroidir et couvrir d'une feuille de papier sulfurisé. Laisser reposer une nuit.
- Retirer la feuille de papier sulfurisé, porter à ébullition pendant 10 minutes en écumant régulièrement.
- Mettre en pots, couvrir et retourner les pots le temps que la confiture refroidisse.

Variantes

1 : mélanger 800 g de pêches et 400 g de mûres.

2 : supprimer 100 g de sucre en poudre. Deux minutes avant de mettre en pots, verser 15 cl de sirop de rose ou de sirop à la violette.

Confiture de poires

Facile
Peu coûteux

- Éplucher les poires et les couper en petits dés après les avoir épépinées.
- Verser les poires, le sucre et le jus de citron dans une bassine à confiture. Mélanger et couvrir d'une feuille de papier sulfurisé. Laisser macérer une nuit.
- Retirer la feuille de papier sulfurisé et porter à ébullition pendant 10 à 15 minutes. Écumer régulièrement.
- Mettre en pots, couvrir et retourner les pots le temps que la confiture refroidisse.

Préparation : 40 minutes
Cuisson : 15 minutes
Repos : 12 heures

Pour 1,400 kg (soit 4 pots de 350 g)
1,500 kg de poires
750 g de sucre en poudre
Le jus de 1 citron.

Variantes

1 : ajouter 1 gousse de vanille fendue dans le sens de la longueur, dès le début de la recette ; la retirer avant de mettre en pots.

2 : verser 1 cuillerée à café d'extrait d'amandes amères 2 minutes avant de mettre en pots.

3 : faire flamber 10 cl d'alcool de mirabelles et l'incorporer à la confiture de poires 2 minutes avant de mettre en pots.

Facile
Peu coûteux

Confiture de quetsches

Préparation : 30 minutes
Cuisson : 15 minutes
Repos : 2 heures

Pour 1,300 kg (soit environ 4 pots de 320 g)
1,200 kg de quetsches
700 g de sucre en poudre
Le jus de 1 citron
2 g d'agar-agar.

- Laver et essuyer les quetsches, les dénoyauter et les couper en quartiers.
- Verser les quetsches, le sucre et le jus de citron dans une bassine à confiture, couvrir d'une feuille de papier sulfurisé. Laisser macérer 2 heures.
- Retirer la feuille de papier sulfurisé et porter à ébullition. Laisser bouillir 10 minutes, en prenant soin d'écumer régulièrement.
- Diluer l'agar-agar avec 1 cuillerée à soupe d'eau et l'incorporer à la confiture. Laisser bouillir encore 2 minutes avant de mettre en pots.
- Couvrir les pots et les retourner le temps que la confiture refroidisse.

Variantes

1 : mélanger 600 g de quetsches et 600 g de reines-claudes pour une confiture « aux 2 prunes ».

2 : verser 1 cuillerée à café d'extrait d'amandes amères 2 minutes avant de mettre en pots.

Confiture de rhubarbe

Facile
Raisonnable

- Laver la rhubarbe, supprimer les extrémités sèches ou abîmées. Éplucher les tiges de rhubarbe à l'aide d'un couteau économe, les couper en tronçons de 2 cm.
- Verser les morceaux de rhubarbe, le sucre et le jus de citron dans une bassine à confiture. Mélanger et couvrir d'une feuille de papier sulfurisé, laisser macérer une nuit.
- Retirer la feuille de papier sulfurisé, porter la préparation à ébullition. Poursuivre la cuisson pendant 10 minutes en écumant régulièrement.
- Mettre en pots, couvrir et retourner les pots le temps que la confiture refroidisse.

Préparation : 35 minutes
Cuisson : 10 minutes
Repos : 12 heures

Pour 1,300 kg (soit environ 4 pots de 320 g)
1,200 kg de rhubarbe
700 g de sucre en poudre
Le jus de 1 citron.

Variante

Ajouter 2 cuillerées à café rases de cannelle en poudre, dès le début de la recette.

Difficile
Peu coûteux

Marmelade d'oranges

Préparation : 20 minutes
Cuisson : 35 minutes
Repos : 12 heures

Pour 1,800 kg (soit environ 5 pots de 370 g)
900 g d'oranges non traitées
50 cl de pur jus d'orange
1,200 kg de sucre roux
Le jus de 1 citron.

- Brosser les oranges sous un filet d'eau tiède. Plonger les oranges dans un grand volume d'eau bouillante. Laisser cuire 20 minutes.
- Égoutter les oranges et les laisser refroidir. Couper les oranges en tranches fines.
- Dans une bassine à confiture, verser les tranches d'orange, le jus d'orange, le sucre et le jus de citron. Porter à ébullition 2 minutes et laisser refroidir. Couvrir d'une feuille de papier sulfurisé et laisser macérer une nuit.
- Mixer grossièrement la marmelade, de façon à conserver quelques morceaux d'écorces d'orange. Porter la confiture à ébullition pendant 10 minutes, en écumant régulièrement.
- Mettre en pots, couvrir et retourner les pots le temps que la marmelade refroidisse.

Variantes

1 : ajouter 1 gousse de vanille fendue dans le sens de la longueur, dès le début de la recette ; la retirer avant de mixer la marmelade.

2 : ajouter les graines de 5 gousses de cardamome préalablement pilées, dès le début de la recette.

3 : ajouter 2 étoiles de badiane, dès le début de la recette ; les retirer avant de mixer la marmelade.

Facile
Peu coûteux

Confiture de lait

Préparation : 5 minutes
Cuisson : 3 heures

Pour 1,500 kg (soit environ 4 pots de 370 g)
3 l de lait demi-écrémé
500 g de sucre spécial confiture
50 g de miel liquide.

- Verser tous les ingrédients dans une grande casserole ou un faitout. Porter à ébullition.
- Dès les premiers frémissements, réduire le feu et poursuivre la cuisson à feu doux pendant 3 heures environ. Remuer avec une spatule toutes les 5 minutes.
- Une fois que la confiture de lait a épaissi, la verser dans des pots à confiture stérilisés, les fermer et les retourner.
- Laisser refroidir complètement avant de stocker les pots au réfrigérateur.

Conseil et variante

La confiture de lait se déguste dans les 2 semaines après ouverture.

Au bout de 1 heure 30 minutes de cuisson, ajouter 200 g de poudre d'amande ou de poudre de noisette.

Très facile
Peu coûteux

Gelée de thé

Préparation : 5 minutes
Cuisson : 10 minutes
Repos : 10 minutes

Pour 1,500 kg (soit environ 4 pots de 370 g)
2 cuil. à soupe de thé earl grey
700 g de sucre en poudre
Le jus de 1/2 citron
4 g d'agar-agar.

- Porter 1,1 l d'eau à ébullition, y jeter le thé et laisser bouillir 1 minute. Hors du feu, laisser le thé infuser pendant 10 minutes.
- Filtrer le thé afin d'obtenir 1 l de thé, le verser dans une grande casserole. Ajouter le sucre et le jus de citron, porter à ébullition pendant 5 minutes. Écumer si besoin.
- Diluer l'agar-agar avec 4 cuillerées à soupe d'eau puis l'incorporer à la gelée de thé.
- Mettre en pots, couvrir et retourner les pots le temps que la gelée refroidisse.

Variante

Remplacer le thé earl grey par un thé de Noël, un thé au jasmin ou un thé noir fumé. Choisissez du thé en feuille de bonne qualité pour un résultat optimal.

Confiture de lait

Confiture fraises mara des bois - framboises page 45

Confiture fraises mara des bois - framboises

Facile
Cher

Préparation : 30 minutes
Cuisson : 25 minutes
Repos : 12 heures

Pour 1,300 kg (soit environ 4 pots de 370 g)
750 g de fraises mara des bois
500 g de framboises
900 g de sucre en poudre
Le jus de 1/2 citron.

- Laver et essuyer les fraises, les équeuter. Couper les fraises en deux ou en quatre selon leur grosseur.
- Rincer les framboises délicatement et les laisser s'égoutter sur du papier absorbant.
- Verser les framboises dans une bassine à confiture. Faire cuire à feu moyen pendant 10 minutes, en écrasant les framboises à l'aide d'une spatule. Les framboises doivent commencer à « rendre » du jus.
- Ajouter les fraises mara des bois, le sucre et le jus de citron dans la bassine à confiture.
- Augmenter le feu et porter à ébullition pendant 2 minutes. Laisser refroidir, recouvrir d'une feuille de papier sulfurisé et laisser macérer une nuit.
- Retirer la feuille de papier sulfurisé et porter à ébullition pendant 10 minutes. Écumer régulièrement la confiture.
- Mettre en pots, couvrir et retourner les pots le temps que la confiture refroidisse.

Difficile
Raisonnable

Gelée de cassis et de groseille

Préparation : 30 minutes
Cuisson : 30 minutes

Pour 850 g (soit environ 2 pots de 370 g)
500 g de cassis
500 g de groseilles
600 g de sucre en poudre
Le jus de 1/2 citron
2 g d'agar-agar.

- Rincer le cassis et les groseilles et les égoutter délicatement. Égrainer les grappes de fruit.
- Verser les baies dans une bassine à confiture avec 15 cl d'eau. Faire cuire à feu doux pendant 10 à 15 minutes, en écrasant les fruits avec une spatule.
- Verser le cassis et les groseilles dans un chinois et les écraser à nouveau avec une spatule. Procéder en plusieurs fois et jeter la « purée » récupérée dans le chinois au fur et à mesure.
- Verser le jus de fruits rouges dans une bassine à confiture avec le sucre et le jus de citron. Porter à ébullition pendant 10 minutes. Écumer la gelée de cassis et de groseille.
- Diluer l'agar-agar avec 2 cuillerées à soupe d'eau et l'incorporer à la gelée. Mélanger et laisser bouillir 2 minutes.
- Mettre en pots, couvrir et retourner les pots le temps que la gelée refroidisse.

Mix de classiques

Confiture framboises-litchis

Facile
Cher

Préparation : 5 minutes
Cuisson : 20 minutes

Pour 1,100 kg (soit environ 3 pots de 370 g)
750 g de framboises
300 g de litchis en boîte (poids égoutté)
600 g de sucre spécial confiture
Le jus de 1 citron.

- Rincer les framboises délicatement et les laisser s'égoutter sur du papier absorbant. Égoutter les litchis et les couper en deux.
- Verser les framboises, les litchis, le sucre et le jus de citron dans une bassine à confiture.
- Faire cuire à feu moyen pendant 10 minutes, en écrasant les fruits à l'aide d'une spatule. La préparation doit commencer à se liquéfier grâce au jus rendu par les fruits.
- Augmenter le feu et porter à ébullition pendant 10 minutes. Écumer la confiture.
- Mettre en pots, couvrir et retourner les pots le temps que la confiture refroidisse.

Conseil

Les litchis doivent être pelés et dénoyautés. On peut les remplacer par 500 g de litchis frais.

Difficile
Cher

Confiture de figues à l'orange

Préparation : 30 minutes
Cuisson : 40 minutes
Repos : 12 heures

Pour 1,500 kg (soit environ 4 pots de 370 g)
700 g d'oranges non traitées
800 g de figues
1 cuil. à soupe de mélange quatre-épices
1,200 kg de sucre en poudre
Le jus de 1 citron.

- Brosser les oranges sous un filet d'eau tiède. Plonger les oranges dans un grand volume d'eau bouillante. Laisser cuire 20 minutes.
- Égoutter les oranges et les laisser refroidir. Couper les oranges en tranches fines.
- Rincer délicatement les figues et les essuyer. Supprimer les queues et couper les figues en huit.
- Verser les figues, les tranches d'orange, le mélange quatre-épices, le sucre et le jus de citron dans une bassine à confiture. Faire cuire 10 minutes en écrasant les fruits avec une spatule. Laisser refroidir et couvrir d'une feuille de papier sulfurisé. Laisser macérer une nuit.
- Retirer la feuille de papier sulfurisé et porter à ébullition pendant 10 minutes. Écumer régulièrement la confiture.
- Mettre en pots, couvrir et retourner les pots le temps que la confiture refroidisse.

Confiture pêches jaunes-abricots

Facile
Raisonnable

Préparation : 20 minutes
Cuisson : 15 minutes
Repos : 14 heures

Pour 1,500 kg (soit environ 4 pots de 370 g)
1 kg de pêches jaunes
500 g d'abricots
800 g de sucre spécial confiture
Le jus de 1 citron
180 g d'amandes effilées.

- Éplucher les pêches, les couper en quatre et les dénoyauter. Dénoyauter les abricots et les couper en deux.
- Verser les quartiers de pêche, les morceaux d'abricot, le sucre et le jus de citron dans une bassine à confiture. Couvrir d'une feuille de papier sulfurisé et laisser macérer 2 heures.
- Retirer la feuille de papier sulfurisé, porter à ébullition 2 minutes puis laisser refroidir et couvrir d'une feuille de papier sulfurisé. Laisser reposer une nuit.
- Retirer la feuille de papier sulfurisé, porter à ébullition pendant 10 minutes en écumant régulièrement. Ajouter les amandes effilées 2 minutes avant la fin de la cuisson.
- Mettre en pots, couvrir et retourner les pots le temps que la confiture refroidisse.

Confiture de figues à l'orange page 48

Confiture pêches jaunes-abricots page 49

Facile
Cher

Confiture framboises-poires

Préparation : 15 minutes
Cuisson : 20 minutes

Pour 1,200 kg (soit environ 3 pots de 370 g)
600 g de framboises
400 g de poires
700 g de sucre en poudre
Le jus de 1/2 citron.

- Rincer les framboises délicatement et les laisser s'égoutter sur du papier absorbant. Éplucher et couper les poires en morceaux en prenant soin de retirer le cœur.
- Verser les fruits, le sucre et le jus de citron dans une bassine à confiture.
- Faire cuire à feu moyen pendant 10 minutes, en écrasant les fruits à l'aide d'une spatule. Les fruits doivent commencer à « rendre » du jus.
- Augmenter le feu et porter à ébullition pendant 10 minutes. Écumer la confiture.
- Mettre en pots, couvrir et retourner les pots. Laisser refroidir.

Facile
Raisonnable

Confiture pommes-poires-noix

Préparation : 40 minutes
Cuisson : 15 minutes
Repos : 12 heures

Pour 1,600 kg (soit environ 4 pots de 370 g)
600 g de poires
800 g de pommes
750 g de sucre en poudre
Le jus de 1 citron
150 g de cerneaux de noix.

- Éplucher les poires et les pommes, les couper en petits dés après les avoir épépinées.
- Verser les dés de poire et de pomme, le sucre et le jus de citron dans une bassine à confiture. Mélanger et couvrir d'une feuille de papier sulfurisé. Laisser macérer une nuit.
- Retirer la feuille de papier sulfurisé et porter à ébullition 5 minutes. Ajouter les cerneaux et poursuivre la cuisson 10 minutes en écumant.
- Mettre en pots, couvrir et retourner les pots. Laisser refroidir.

Confiture poires-prunes

Facile
Peu coûteux

Préparation : 30 minutes
Cuisson : 15 minutes
Repos : 2 heures

Pour 1,500 kg (soit environ 4 pots de 370 g)
500 g de quetsches
1 kg de poires
1 cuil. à café de cannelle
700 g de sucre en poudre
Le jus de 1 citron
3 g d'agar-agar.

- Laver et essuyer les quetsches, les dénoyauter et les couper en quartiers. Éplucher les poires, les épépiner et les couper en dés.
- Verser les fruits, la cannelle, le sucre et le jus de citron dans la bassine, couvrir d'une feuille de papier sulfurisé. Laisser macérer 2 heures.
- Retirer la feuille de papier sulfurisé et porter à ébullition. Laisser bouillir 10 minutes, en prenant soin d'écumer régulièrement.
- Diluer l'agar-agar avec 1 cuillerée à soupe d'eau et l'incorporer à la confiture. Laisser bouillir encore 2 minutes avant de mettre en pots.
- Couvrir les pots et les retourner le temps que la confiture refroidisse.

Confiture de poires à l'ananas

Facile
Peu coûteux

Préparation : 40 minutes
Cuisson : 15 minutes
Repos : 12 heures

Pour 1,500 kg (soit environ 4 pots de 370 g)
800 g de poires
500 g d'ananas en morceaux en boîte (poids égoutté)
4 cm de gingembre frais
750 g de sucre en poudre
Le jus de 1 citron.

- Éplucher les poires et les couper en petits dés après les avoir épépinées. Égoutter les morceaux d'ananas. Éplucher le gingembre et le couper en fines tranches puis en lamelles.
- Verser les poires, l'ananas, le gingembre, le sucre et le jus de citron dans une bassine à confiture. Mélanger et couvrir d'une feuille de papier sulfurisé. Laisser macérer une nuit.
- Retirer la feuille de papier sulfurisé et porter à ébullition pendant 10 à 15 minutes. Écumer régulièrement.
- Mettre en pots, couvrir et retourner les pots le temps que la confiture refroidisse.

Confiture pommes-poires-noix page 52

Confiture de poires à l'ananas page 53

Difficile
Raisonnable

Marmelade d'agrumes aux épices

Préparation : 20 minutes
Cuisson : 35 minutes
Repos : 12 heures

Pour 1,700 kg (soit environ 5 pots de 370 g)
300 g d'oranges non traitées
1 pamplemousse non traité
2 citrons non traités
250 g de kumquats non traités
50 cl de pur jus d'orange
1,200 kg de sucre roux
Le jus de 1 citron.

- Brosser les agrumes sous un filet d'eau tiède. Plonger les oranges, le pamplemousse et les citrons dans un grand volume d'eau bouillante. Laisser cuire 10 minutes.
- Ajouter les kumquats et poursuivre la cuisson 10 minutes.
- Égoutter les agrumes et les laisser refroidir. Couper les oranges, le pamplemousse et les citrons en tranches fines. Détailler les kumquats en 2 ou 3 morceaux.
- Dans une bassine à confiture, verser les agrumes, le jus d'orange, le sucre et le jus de citron. Porter à ébullition 2 minutes et laisser refroidir.
- Couvrir d'une feuille de papier sulfurisé et laisser macérer une nuit.
- Mixer grossièrement la marmelade, de façon à conserver quelques morceaux d'écorce. Porter la marmelade à ébullition pendant 10 minutes, en écumant régulièrement.
- Mettre en pots, couvrir et retourner les pots le temps que la marmelade refroidisse.

Gelée de coing à la cardamome

Difficile
Raisonnable

Préparation : 40 minutes
Cuisson : 1 heure 10 minutes
Repos : 12 heures

Pour 1,300 kg (soit environ 4 pots de 320 g)
1,300 kg de coings
6 gousses de cardamome
10 cl de jus d'orange sans pulpe
750 g de sucre spécial confiture
Le jus de 1 citron.

- Frotter les coings avec un torchon propre. Laver et essuyer les coings.
- Supprimer la queue des coings et les couper en quartiers. Ouvrir les gousses de cardamome, en extraire les grains et les piler.
- Déposer les morceaux de coing dans une casserole, ajouter les grains de cardamome et recouvrir d'eau. Porter à ébullition puis réduire le feu, couvrir et laisser cuire pendant 1 heure.
- Réserver l'eau de cuisson. Verser les coings dans un chinois et les presser à l'aide d'une spatule. Procéder en plusieurs fois si besoin.
- Mélanger l'eau de cuisson et la pulpe des coings qui s'est écoulée du chinois. Laisser décanter une nuit au frais.
- Verser 90 cl de jus de coing délicatement dans une bassine à confiture, en veillant à ne pas verser le « dépôt » qui a décanté. Ajouter le jus d'orange, le sucre et le jus de citron.
- Porter à ébullition pendant 10 minutes en écumant régulièrement.
- Mettre en pots, couvrir et retourner les pots le temps que la gelée refroidisse.

Facile
Raisonnable

Confiture d'abricots à la lavande

Préparation : 20 minutes
Cuisson : 35 minutes
Repos : 12 heures

Pour 1,100 kg (soit environ 3 pots de 370 g)
1 kg d'abricots
1 cuil. à soupe rase de fleurs de lavande
500 g de sucre spécial confiture
Le jus de 1 citron.

- Laver les abricots et les essuyer. Couper les abricots en deux et les dénoyauter.
- Verser les moitiés d'abricot, les fleurs de lavande, le sucre et le jus de citron dans une bassine à confiture.
- Faire cuire à feu doux pendant 20 minutes, à couvert, en remuant régulièrement.
- Porter à ébullition 2 minutes puis laisser refroidir et couvrir d'une feuille de papier sulfurisé. Laisser reposer une nuit.
- Retirer la feuille de papier sulfurisé, porter à ébullition pendant 10 minutes en écumant régulièrement.
- Mettre en pots, couvrir et retourner les pots le temps que la confiture refroidisse.

Difficile
Cher

Confiture de figues au gingembre

Préparation : 30 minutes
Cuisson : 20 minutes
Repos : 12 heures

Pour 1,300 kg (soit environ 4 pots de 350 g)
1 kg de figues
5 cm de gingembre frais
800 g de sucre en poudre
Le jus de 1 citron.

- Rincer délicatement les figues et les essuyer. Supprimer les queues et couper les figues en huit. Éplucher le gingembre et le couper en fines lamelles.
- Verser les figues, la moitié des lamelles de gingembre, 20 cl d'eau et 100 g de sucre dans une bassine à confiture. Porter à ébullition et faire cuire 10 minutes. Laisser refroidir et couvrir d'une feuille de papier sulfurisé. Laisser macérer une nuit.
- Égoutter les figues au gingembre et les verser dans une bassine à confiture. Ajouter le reste des lamelles de gingembre, le reste de sucre et le jus de citron.
- Porter à ébullition pendant 10 minutes. Écumer régulièrement la confiture.
- Mettre en pots, couvrir et retourner les pots le temps que la confiture refroidisse.

Confiture de fraises au basilic

Facile
Raisonnable

Préparation : 30 minutes
Cuisson : 15 minutes
Repos : 12 heures

Pour 1,500 kg
(soit 4 pots de 370 g)
1,200 kg de fraises
600 g de sucre spécial confiture
Le jus de 1 citron
1 bouquet de basilic.

- Laver, essuyer et équeuter les fraises. Couper les fraises en deux ou en quatre selon leur grosseur.
- Verser les fraises, le sucre spécial confiture et le jus de citron dans une bassine à confiture. Mélanger, couvrir d'une feuille de papier sulfurisé et laisser macérer une nuit.
- Laver, essorer et effeuiller le basilic. Couper les feuilles en deux dans le sens de la longueur.
- Retirer la feuille de papier sulfurisé et porter à ébullition. Laisser bouillir pendant 10 minutes, en écumant régulièrement. Ajouter le basilic et poursuivre la cuisson 2 minutes.
- Mettre en pots, couvrir et retourner les pots le temps que la confiture refroidisse.

Confiture de framboises à la citronnelle

Difficile
Cher

Préparation : 10 minutes
Cuisson : 20 minutes

Pour 1,200 kg (soit environ 4 pots de 320 g)
2 blancs de citronnelle
1 kg de framboises
750 g de sucre en poudre
Le jus de 1/2 citron.

- Supprimer les extrémités de la citronnelle, les parties sèches et la première feuille qui entoure les blancs de citronnelle. Émincer finement les blancs et les verser dans un pilon. Piler la citronnelle pendant 1 minute afin qu'elle libère ses arômes.
- Rincer les framboises délicatement et les laisser s'égoutter sur du papier absorbant.
- Verser la citronnelle dans une bassine à confiture. Faire chauffer à feu vif pendant 1 minute puis réduire à feu moyen. Verser les framboises, le sucre et le jus de citron.
- Faire cuire à feu moyen pendant 10 minutes, en écrasant les framboises à l'aide d'une spatule. Les framboises doivent commencer à « rendre » du jus.
- Augmenter le feu et porter à ébullition pendant 10 minutes. Écumer la confiture.
- Mettre en pots, couvrir et retourner les pots le temps que la confiture refroidisse.

Facile
Cher

Confiture de fruits rouges à la vanille

Préparation : 30 minutes
Cuisson : 20 minutes
Repos : 12 heures

Pour 1,750 kg (soit 5 pots de 350 g)
500 g de fraises
250 g de framboises
250 g de mûres
250 g de myrtilles
250 g de groseilles
1 gousse de vanille
1 kg de sucre spécial confiture
Le jus de 1/2 citron.

- Laver et essuyer les fraises, les équeuter. Couper les fraises en deux ou en quatre selon leur grosseur. Rincer délicatement les fruits rouges, égrainer les grappes de groseilles.
- Fendre la gousse de vanille en deux, dans le sens de la longueur.
- Dans une bassine à confiture, verser les fruits à confiture, la gousse de vanille, la moitié du sucre et le jus de citron. Mélanger et couvrir d'une feuille de papier sulfurisé. Laisser macérer une nuit.
- Retirer la feuille de papier sulfurisé. Faire cuire à feu moyen pendant 10 minutes, en écrasant les fruits à l'aide d'une spatule.
- Ajouter le reste du sucre, augmenter le feu et porter à ébullition pendant 10 minutes. Écumer régulièrement la confiture. Retirer la gousse de vanille.
- Mettre en pots, couvrir et retourner les pots le temps que la confiture refroidisse.

Difficile
Raisonnablle

Confiture de melon au pineau

Préparation : 20 minutes
Cuisson : 15 minutes
Repos : 12 heures

Pour 1,500 kg (soit 4 pots de 370 g)
20 cl de pineau des Charentes
1,500 kg de melon charentais
650 g de sucre en poudre
Le jus de 1 citron
3 g d'agar-agar.

- Faire flamber le pineau.
- Couper les melons en quartiers, supprimer les graines. Évider les melons et verser la chair coupée en dés dans un grand saladier. Verser 100 g de sucre et la moitié du pineau, mélanger. Couvrir d'une feuille de papier sulfurisé et laisser macérer une nuit. Réserver le reste de pineau au frais.
- Égoutter les dés de melon puis les verser dans une bassine à confiture. Ajouter le reste de sucre, le reste de pineau et le jus de citron, porter à ébullition. Prolonger la cuisson pendant 10 minutes en écumant régulièrement.
- Diluer l'agar-agar avec 3 cuillerées à soupe d'eau et l'incorporer à la confiture. Mélanger et laisser bouillir 2 minutes.
- Mettre en pots, couvrir et retourner les pots le temps que la confiture refroidisse.

Confiture de pêches jaunes au thé au jasmin

Facile
Raisonnable

Préparation : 20 minutes
Cuisson : 20 minutes
Repos : 1 nuit

Pour 750 g (soit environ 2 pots de 370 g)
650 g de pêches jaunes
400 g de sucre en poudre
3 cuil. à soupe de thé au jasmin
1/2 citron.

- Peler, couper les pêches en deux puis retirer les noyaux. Détailler chaque moitié en lamelles.
- Verser les lamelles de pêche, le sucre, le thé au jasmin et le jus de citron dans une bassine à confiture. Porter à frémissement en mélangeant délicatement. Couvrir d'une feuille de papier sulfurisé et laisser reposer au frais pendant unc nuit.
- Porter la préparation à ébullition à feu vif en mélangeant délicatement. Laisser cuire 5 à 10 minutes en remuant délicatement et en écumant.
- Mettre en pots, couvrir et retourner les pots le temps que la confiture refroidisse.

Facile
Peu coûteux

Confiture de poires au caramel

Préparation : 15 minutes
Cuisson : 20 minutes
Repos : 12 heures

Pour 960 g (soit 3 pots de 320 g)
700 g de poires
550 g de sucre en poudre
1/2 citron.

- Éplucher les poires, les couper en deux puis les vider et les couper en morceaux. Dans un saladier, mélanger les morceaux de poire, 425 g de sucre et le jus de citron. Couvrir d'une feuille de papier sulfurisé et laisser macérer une nuit.
- Faire chauffer le reste de sucre dans la bassine à confiture en remuant régulièrement jusqu'à l'obtention d'un caramel. Verser 12 cl d'eau chaude, porter à ébullition en mélangeant.
- Ajouter le contenu du saladier. Porter à ébullition et laisser cuire 5 à 10 minutes en mélangeant et en écumant régulièrement.
- Vérifier la cuisson en déposant 1 goutte de confiture sur une assiette bien froide. Elle doit gélifier.
- Mettre en pots, couvrir et retourner les pots le temps que la confiture refroidisse.

Facile
Peu coûteux

Confiture de pommes à la cannelle

Préparation : 20 minutes
Cuisson : 15 minutes
Repos : 2 heures

Pour 850 g (soit environ 2 pots de 370 g)
700 g de pommes type canada
450 g de sucre en poudre
1 cuil. à café de cannelle en poudre
1/2 citron.

- Éplucher les pommes, les couper en deux puis les vider et les couper en morceaux. Dans un saladier, mélanger les morceaux de pomme, le sucre, la cannelle et le jus de citron. Couvrir d'une feuille de papier sulfurisé et laisser macérer pendant 2 heures.
- Faire chauffer le contenu du saladier dans une bassine à confiture. Porter à ébullition en mélangeant délicatement. Faire cuire à feu vif 5 à 10 minutes en remuant continuellement et en écumant régulièrement.
- Mettre en pots, couvrir et retourner les pots le temps que la confiture refroidisse.

Confiture de poires au caramel

Facile
Raisonnable

Confiture de reines-claudes, mirabelles et noix

Préparation : 40 minutes
Cuisson : 15 minutes
Repos : 2 heures

Pour 1,500 kg (soit environ 4 pots de 370 g)
600 g de reines-claudes
800 g de mirabelles
600 g de sucre en poudre
Le jus de 1 citron
150 g de cerneaux de noix
2 g d'agar-agar.

- Laver et essuyer les reines-claudes et les mirabelles, les dénoyauter. Couper les reines-claudes en deux.
- Verser les fruits, le sucre et le jus de citron dans une bassine à confiture, couvrir d'une feuille de papier sulfurisé. Laisser macérer 2 heures.
- Retirer la feuille de papier sulfurisé et porter à ébullition pendant 5 minutes. Ajouter les cerneaux de noix et poursuivre la cuisson 10 minutes, en prenant soin d'écumer régulièrement.
- Diluer l'agar-agar avec 1 cuillerée à soupe d'eau et l'incorporer à la confiture. Laisser bouillir encore 2 minutes avant de mettre en pots.
- Couvrir les pots et les retourner le temps que la confiture refroidisse.

Confiture de lait à la fleur de sel

Facile
Peu coûteux

Préparation : 5 minutes
Cuisson : 3 heures

Pour 1,500 kg (soit 4 pots de 370 g)
3 l de lait demi-écrémé
500 g de sucre spécial confiture
3 cuil. à café de fleur de sel.

- Verser le lait et le sucre dans une grande casserole ou un faitout. Porter à ébullition.
- Dès les premiers frémissements, réduire le feu et poursuivre la cuisson à feu doux pendant 3 heures environ. Remuer avec une spatule toutes les 5 minutes.
- Une fois que la confiture de lait a épaissi, incorporer la fleur de sel et mélanger. Poursuivre la cuisson 1 minute.
- Verser la confiture de lait dans des pots à confiture stérilisés, les fermer et les retourner.
- Laisser refroidir complètement avant de stocker les pots au réfrigérateur.

Conseil
La confiture de lait se déguste dans les 2 semaines après ouverture.

Confiture ananas-mangue-citron vert page 76

Les_originales

Facile
Raisonnable

Préparation : 20 minutes
Cuisson : 35 minutes

Pour 1 kg (soit environ 3 pots de 350 g)
900 g d'ananas
900 g de mangues
2 citrons verts non traités
450 g de sucre spécial confiture.

Confiture ananas-mangue-citron vert

- Éplucher, retirer le cœur de l'ananas et détailler les tranches en morceaux. Peler les mangues, couper la chair en morceaux. Zester et presser les citrons verts.
- Verser les morceaux d'ananas et de mangue et le sucre dans une bassine à confiture. Faire cuire à feu doux pendant 20 minutes.
- Mixer grossièrement la confiture, en veillant à conserver quelques morceaux. Ajouter les zestes et le jus de citron vert.
- Porter la confiture à ébullition pendant 15 minutes en remuant et en écumant régulièrement.
- Mettre en pots, couvrir et retourner les pots le temps que la confiture refroidisse.

Variante
Ajouter 100 g de copeaux de noix de coco râpée 2 minutes avant la fin de la cuisson.

Confiture de bananes au rhum

Facile
Raisonnable

Préparation : 10 minutes
Cuisson : 30 minutes
Repos : 12 heures

Pour 1,300 kg (soit environ 4 pots de 320 g)
1 kg de bananes bien mûres
750 g de sucre roux
Le jus de 1 citron
2 gousses de vanille
7 cl de rhum ambré.

- Peler les bananes et les couper en rondelles. Dans une bassine à confiture, verser 25 cl d'eau, le sucre, le jus de citron, les gousses de vanille fendues en deux dans le sens de la longueur et les rondelles de banane.
- Porter à ébullition puis laisser mijoter 30 minutes à feu doux en mélangeant régulièrement et en écumant si besoin.
- Retirer les gousses de vanille et incorporer le rhum préalablement flambé.
- Mettre en pots, couvrir et retourner les pots le temps que la confiture refroidisse.

Variantes

1 : ajouter en milieu de cuisson des raisins de Corinthe que l'on aura fait gonfler dans le rhum.

2 : ajouter en début de cuisson 3 cm de gingembre frais épluché et émincé finement.

Marmelade de citron au basilic thaï

Facile
Raisonnable

Préparation : 40 minutes
Cuisson : 2 heures 40 minutes
Repos : 24 heures

Pour 1,100 kg (soit environ 3 pots de 370 g)
500 g de citrons non traités
1 l d'eau de source
750 g de sucre en poudre
1 bouquet de basilic thaï.

- Couper les citrons en deux et, à l'aide d'un couteau, prélever la chair. Détailler la chair en morceaux et les écorces en lanières les plus fines possible.
- Verser dans une bassine à confiture la chair, les écorces et 1 l d'eau de source. Faire macérer pendant une nuit à température ambiante en prenant soin de bien couvrir avec du papier sulfurisé.
- Retirer la feuille de papier sulfurisé, couvrir la bassine à confiture et faire frémir à feu doux pendant 2 heures. Ajouter le sucre, poursuivre la cuisson pendant 5 minutes.
- Hors du feu, couvrir d'une feuille de papier sulfurisé et laisser reposer 12 heures à température ambiante.
- Laver, essorer et effeuiller le basilic thaï. Ajouter les feuilles de basilic thaï grossièrement hachées. Faire chauffer à feu vif la bassine à confiture avec la préparation. À ébullition, laisser cuire 5 à 10 minutes en écumant régulièrement.
- Mettre en pots, couvrir et retourner les pots le temps que la confiture refroidisse.

Facile
Raisonnable

Préparation : 20 minutes
Cuisson : 25 minutes

Pour 1,200 kg (soit environ 4 pots de 320 g)
500 g de pommes golden
700 g de mangues
2 citrons verts non traités
1 bouquet de coriandre
600 g de sucre spécial confiture.

Confiture pommes-mangues-coriandre

- Éplucher les pommes, les épépiner et les couper en morceaux. Peler les mangues, couper la chair en morceaux. Zester et presser les citrons verts. Laver, essorer et effeuiller la coriandre.
- Dans une bassine à confiture, verser les morceaux de pomme et de mangue, les zestes et le jus de citron vert et le sucre. Faire cuire pendant 20 minutes à feu doux en mélangeant et en écumant régulièrement.
- Ajouter les feuilles de coriandre et faire cuire 5 minutes en écumant régulièrement.
- Mettre en pots, couvrir et retourner les pots le temps que la confiture refroidisse.

Variante

On peut ajouter en même temps que la coriandre 10 cl de rhum brun préalablement flambé.

Confiture rhubarbe-fraise-amaretto

Facile
Raisonnable

Préparation : 30 minutes
Cuisson : 15 minutes
Repos : 12 heures

Pour 1,500 kg (soit environ 4 pots de 370 g)
1 kg de rhubarbe
500 g de fraises gariguettes
500 g de sucre roux
Le jus de 1 citron
10 cl d'amaretto
3 g d'agar-agar.

- Laver la rhubarbe, supprimer les extrémités sèches ou abîmées. Éplucher les tiges de rhubarbe à l'aide d'un couteau économe, les couper en tronçons de 2 cm.
- Laver et couper les fraises en deux dans le sens de la hauteur. Verser les fraises, la rhubarbe, le sucre roux et le jus de citron dans une bassine à confiture. Mélanger, couvrir d'une feuille de papier sulfurisé et laisser macérer une nuit.
- Retirer la feuille de papier sulfurisé et porter à ébullition. Laisser bouillir pendant 10 minutes, en écumant régulièrement. Faire flamber l'amaretto et l'incorporer.
- Diluer l'agar-agar dans 3 cuillerées à soupe d'eau, l'incorporer à la confiture. Porter de nouveau à ébullition, laisser frémir 2 minutes.
- Mettre en pots, couvrir et retourner les pots le temps que la confiture refroidisse.

Variante

Remplacer l'amaretto par 2 cuillerées à café d'extrait d'amandes amères.

Facile
Peu coûteux

Confiture de pommes façon Tatin

Préparation : 20 minutes
Cuisson : 40 minutes
Repos : 12 heures

Pour 1,100 kg (soit environ 3 pots de 370 g)
1 kg de pommes canada
Le jus de 1 citron
100 g de sucre en poudre
450 g de sucre spécial confiture.

- La veille, éplucher, épépiner et couper les pommes en morceaux. Arroser les morceaux de pomme de jus de citron afin qu'ils ne noircissent pas.
- Dans une bassine à confiture, faire chauffer à feu doux le sucre en poudre avec 10 cl d'eau froide. Une fois le caramel formé, verser les morceaux de pomme et mélanger. Laisser cuire 10 minutes en remuant régulièrement, afin que les pommes soient enrobées de caramel.
- Laisser refroidir à température ambiante, couvrir avec du papier sulfurisé et laisser macérer une nuit.
- Retirer la feuille de papier sulfurisé et faire chauffer la bassine à confiture à feu doux pendant 20 minutes. Écraser les morceaux de pomme à l'aide d'une spatule en bois, de façon à conserver quelques morceaux.
- Porter la confiture à ébullition pendant 10 minutes en écumant régulièrement.
- Mettre en pots, couvrir et retourner les pots le temps que la confiture refroidisse.

Facile
Raisonnable

Gelée de vin aux épices

Préparation : 5 minutes
Cuisson : 10 minutes
Repos : 12 heures

Pour 1,400 kg (soit 4 pots de 350 g)
75 cl de vin rouge (anjou ou bourgogne)
1 bâton de cannelle
2 étoiles de badiane
3 clous de girofle
1 kg de sucre spécial confiture.

- La veille, faire chauffer le vin à feu moyen dans une grande casserole avec les épices. Porter à ébullition pendant 1 minute, laisser refroidir à température ambiante. Couvrir d'une feuille de papier sulfurisé et laisser infuser une nuit.
- Retirer la feuille de papier sulfurisé et les épices. Porter le vin épicé à ébullition, flamber le vin afin de retirer tout l'alcool.
- Incorporer le sucre et porter à ébullition, laisser cuire 4 minutes en remuant constamment.
- Mettre en pots, couvrir et retourner les pots le temps que la gelée refroidisse.

Variante

Remplacer le vin rouge par du vin blanc côtes-de-bergerac et les épices par 1 gousse de vanille fendue en deux et 7 cl de crème de framboises.

Confiture de Noël

Difficile
Raisonnable

- Zester et presser le jus du citron et des oranges.
- Éplucher, couper les pommes et les poires en morceaux. Dans une casserole à feu doux, faire cuire à couvert les morceaux de pomme et de poire avec 20 cl d'eau pendant 20 minutes.
- Remuer de temps en temps. Passer la compote à travers un tamis pour prélever le jus.
- Verser le jus de cuisson ainsi que les jus et les zestes des agrumes dans une bassine à confiture. Ajouter les raisins secs, les figues séchées coupées en morceaux, le sucre et les épices.
- Couvrir avec une feuille de papier sulfurisé et laisser macérer une nuit.
- Retirer la feuille de papier sulfurisé. Faire chauffer à feu vif la bassine à confiture pendant 5 minutes à partir de l'ébullition. Mélanger régulièrement. Ajouter les cerneaux de noix, faire cuire 10 minutes, écumer régulièrement.
- Mettre en pots, couvrir et retourner les pots le temps que la confiture refroidisse.

Préparation : 40 minutes
Cuisson : 40 minutes
Repos : 12 heures

Pour 1,700 kg (soit environ 5 pots de 350 g)

1 citron non traité
2 oranges non traitées
500 g de pommes
1 kg de poires bien mûres
100 g de raisins secs
200 g de figues sèches
1 kg de sucre roux
1 cuil. à café de cannelle en poudre
1/2 cuil. à café de cardamome moulue
150 g de cerneaux de noix.

Difficile
Raisonnable

Confiture de tomates vertes aux agrumes

Préparation : 40 minutes
Cuisson : 15 minutes
Repos : 12 heures

Pour 1,600 kg (soit 5 pots de 320 g)
2 kg de tomates vertes
2 citrons non traités
1 orange non traitée
700 g de sucre en poudre.

- Retirer les pédoncules des tomates. Inciser en croix la partie inférieure des tomates. Faire bouillir une grande quantité d'eau. Plonger les tomates une à une dans l'eau bouillante pendant quelques secondes afin de décoller la peau.
- Peler les tomates, les couper en quatre puis retirer les pépins et les parties blanches. Couper la chair de tomate en morceaux. Couper les agrumes en quatre et prélever la chair à l'aide d'un couteau. Tailler les écorces le plus finement possible.
- Dans une bassine à confiture, verser le sucre, les morceaux de tomate, les morceaux et les écorces d'agrumes. Mélanger, couvrir d'une feuille de papier sulfurisé puis laisser macérer une nuit à température ambiante.
- Retirer la feuille de papier sulfurisé et faire chauffer à feu vif la bassine jusqu'à dissolution complète du sucre. Baisser le feu et laisser cuire 10 à 15 minutes en remuant et en écumant régulièrement.
- Mettre en pots, couvrir et retourner les pots le temps que la confiture refroidisse.

tomates vertes
aux
agrumes

Table des matières

Pour en savoir plus : www.seletpoivre.fr

Dépôt légal 2e trim. 2010
n° 3 697
Imprimé en U.E.